फाग की बहार

अंकिता सिंह

ज्ञान की देवी माँ शारदा के पावन चरणों में
काव्य कुंज समर्पित ।

प्रकृति के अंक में रंग सजाने वाले फाल्गुन मास
को काव्य कुन्ज समर्पित ।

माँ श्रीमती मधु यादव व पापा श्री हेमन्त कुमार
के स्नेह शील मार्गदर्शन से मेरी लेखनी को
उत्कृष्टता प्राप्त हुई अतः उनके पावन चरणों में
काव्य कुंज समर्पित । ।

क्रम-सूची

क्रम-सूची

स्तुति

हंस वाहिनी , वीणा वादिनी

नमस्तेतु माँ शारदे ,

देवी ज्ञान की ,

कोकिला तान की ,

देवी सरस्वती नमस्तुते ॥

प्रस्तावना

रंग मन के कोरे कैनवास को उमंगों से भर देते हैं । फाल्गुन मास मन के भावों को रंगों के माध्यम से अभिव्यक्त करता है और बसंत ऋतु के अंक में फाग गीतों की रचना करने के लिये कवियत्री के हृदय को प्रेरित करता है । भारतीय मान्यता अनुसार बसंत पंचमी के शुभ अवसर पर चौराहों पर होलिका स्थापित की जाती है और उसी क्षण से फागोत्सव आरंभ हो जाता है । अतः इस शुभ अवसर पर कलम भी जीवन के शून्य पृष्ठ पर रंग भारा फाग लिखने के लिए इच्छुक होती है ।

नव सृजन होता कविता से ,

मन पुलकित हो जाता है ।

रंगों का नेग लेकर ,

जब अम्बर से फाल्गुन आता है ॥

नव सृजन होता कविता से ,

मन हर्षित हो जाता है ।

सात रंगों का गुलाल लेकर ,

जब ऋतुराज फाग गाता है ॥

भूमिका

होली पर्व के उल्लास का वर्णन तथा फाल्गुन मास के सौंदर्य को लेखनी के माध्यम से प्रकट करने हेतु उपरोक्त काव्य संग्रह " फाग की बहार " अंकिता सिंह द्वारा रचित किया गया है । इस काव्य पुस्तक में श्रृंगार रस से परिपूर्ण फाग गीत व फागुन पर कविताएँ प्रस्तुत हैं ॥

आभार

फाग की बहार नामक पुस्तक लेखन की प्रेरणा देने हेतु ज्ञान की देवी माँ सरस्वती , फाल्गुन मास , पूज्य माँ श्रीमती मधु यादव एवं पापा श्री हेमन्त कुमार का अन्नत कोटि आभार । इस पुस्तक के उत्कृष्ट प्रकाशन हेतु प्रकाशक का अन्नत कोटी आभार ॥

अंकिता सिंह

कवयित्री परिचय

अंकिता सिंह

अंकिता सिंह एक स्वतंत्र लेखिका है । आपका जन्म 10 फरवरी , बसंत पंचमी के दिन होने के कारण आपको बसंत ऋतु की मादकता व फाल्गुन

मास पर काव्य सृजन करने से विशेष उत्साह की अनुभूति होती है । आपकी जन्मभूमि मेरठ व निवास स्थान लखनऊ है । अतः आपकी लेखनी की महक लखनवी तहजीब में घुली है । आपकी प्ररंभिक व उच्च शिक्षा लखनऊ में हुई हैं ।

आपने लखनऊ विश्वविद्यालय से पत्रकारिता एवं जनसम्पर्क में परास्नातक व एम . एड की उपाधि प्राप्त की है । आपने डॉ राम मनोहर लोहिया अवध विश्व विद्यालय अयोध्या , उत्तर प्रदेश से एम. ए अंग्रेजी तथा एम . ए शिक्षा शास्त्र की उपाधि प्राप्त की है । आपने यूजीसी नेट की परीक्षा शिक्षा शास्त्र विषय में 6 बार उत्तीर्ण की है ।आपको कविताएं एवं लेख लिखने का शौक है । अब तक आपकी 20 पुस्तकें प्रकाशित हो चुकी है । जिसमें कुछ प्रमुख " कलम के पलाश , चहकते पन्ने , सावन के हस्ताक्षर, काव्य के गुलमोहर , पोएटिक फेदर्स , मियूजिंग ऑफ परफेक्ट मून लाईट , रंगीन खिड़कियाँ , काव्य के बसंत , फरवरी पेटलस कविता संग्रह , शून्य सरोवर , शून्य सरोवर २.० व स्नेह तरु कहानी संग्रह , टेन्सस द बलॉसम ऑफ इंग्लिश ग्रामर अंग्रेजी पाठ्यक्रम पर आधारित एबिलेटी डैफोडिलस बीएड , एम.ए शिक्षाशास्त्र पाठ्यक्रम पर आधारित , फेस्टिव कैंडिलस , रिफरेन्स बुक गौरिया बचाओ विषय पर आधारित तथा कुछ अन्य पुस्तके प्रस्तुत

है ।

आपने नारी सशक्तीकरण की महत्ता को प्रकट करने के लक्ष्य से मियुजिंग्स ऑफ हर विंग्स नामक पुस्तक का सम्पादन कार्य किया है । इसके अतिरिक्त आप कलर्स ऑफ पेन नामक पुस्तक भी सम्पादिका है ।

आपके लेख तथा रिसर्च पेपर विभिन्न राष्ट्रीय तथा अंतरराष्ट्रीय पत्रिका में प्रकाशित हो चुके है ॥ अब तक आपकी 200 से अधिक कविताएं प्रकाशित हो चुकी हैं। आपको विभिन्न प्रकाशन केन्द्रों द्वारा सम्मान व प्रमाण पत्र भेंट किये गये हैं , तथा विभिन्न प्रकाशन केन्द्रों द्वारा प्रकाशित 30 से अधिक साझा संकलन पुस्तकों में आप सह लेखिका हैं ॥

Email id - anks26.as@gmail.com
   Instagram Id- @anki.ta7662

1. ऋतुराज चहकाने आए हैं

....

वो मधुकर पीत रंग के ,

टेसु महकाने आए हैं ।

माँ हंसवाहिनी को कर नमन,

ऋतुराज चहकाने आए हैं ॥

वो माघ शुक्लपक्ष के ,

पचंमी सजाने आए हैं ,

माँ सरस्वती को कर नमन ,

बसंत पंचमी बनाने आए हैं ॥

वो शब्द नव भोर के ,

दिवाकर जगाने आए हैं ।

माँ वीणावादिनी को कर नमन ,

कुसुमाकर लिख जाने आए हैं ॥

वो रंगरेज नव रंग के ,

धरा रंग जाने आए हैं ।

माँ शारदा को कर नमन ,

सरसों खिलाने आए हैं ॥

वो खग - पिक प्रणय उमंग के ,

आम्रकुंज रिझाने आए हैं ।

माँ महाविद्या को कर नमन ,

राग बसंत गाने आए हैं ॥

अंकिता सिंह

2. भक्त प्रहलाद की कहानी

रस्म होली की ,

कुछ इस तरह निभानी है ।

रस्म होली की ,

कुछ इस तरह निभानी है ।

कहानी भक्त प्रहलाद की ,

सारे जग को बतानी है ।

हिरण्यकश्यप

का पुत्र वो ,

जग में था सर्वस्त्र वो ,

हरि भक्ति में वो लीन था ।

उसका पिता इसी तर्क से गमगीन था ।

रचाये उसने षड्यंत्र सौ ,

प्रहलाद को मार गिराने का ,

उसकी भक्ति के निशान मिटाने का ।

पर प्रहलाद को मार न पाया वो ।

आग्रह किया होलिका से उसने ।

मेरी बहन होने का फर्ज निभाओ तुम ।

सुनो ! प्रहलाद को मेरे पथ से हटाओ तुम ।

आज ब्रह्म देव से मिला वरदान सिद्ध कर जाओ
तुम ।

प्रहलाद को लेकर अग्नि में ,

प्रवेश कर जाओ तुम ।

बहन मुझे विश्वास है ,

तुम नहीं जलोगी ।

प्रहलाद जल कर भस्म होगा ।

हरि से मेरा बैर पूर्ण होगा ।

किन्तु भूमंडल के स्वामी से ,

बैर है कर पाया कौन ।

इश्वर के समक्ष , स्तब्ध था पृथ्वी का मौन ।

होलिका ने प्रहलाद को लेकर ,

अग्नि में प्रवेश किया ।

भक्त प्रहलाद ने श्री हरि का सच्चे हृदय से नाम
लिया ।

होलिका जल कर राख हुई ।

उसकी ख्याति खाक हुई ।

भक्त प्रहलाद का विश्वास न जल पाया ।

उसने श्री हरि से जीवन दान पाया ।

हरि ने नरसिंह अवतार लिया ।

गर्जन हुई भूमंडल में ,

क्या सिंह ने हुंकार लिया ।

इन्द्र बरसाये फूल ,

की आज नरसिंह ने अवतार लिया ।

आज नर सिंह ने अवतार लिया ।

न पहर व दिन का था ।

न मध्य रात्रि की बेला थी ।

हिरणाकश्यप को मार गिराने वाली,

न कोई देव की सेना थी ।

न दैत्य सर्प गंदर्व ने ,

न पशु न किसी मानव ने ।

न अस्त्र ने , न किसी शस्त्र ने ।

हिरणाकश्यप पर वार किया ।

नरसिंह ने अपने नखों से ,

दुष्ट दैत्य का संहार किया ।

श्री लक्ष्मीकांत जगदीश्वर ने ,

भक्त प्रहलाद की भक्ति का ,

वात्सल्य से उधार किया ।

सारे जगत के इश्वर ने ,

भक्त प्रहलाद की भक्ति का ,

वात्सल्य से उधार किया ॥

अंकिता सिंह

3. रंगो के अलंकार में

रंगों के अलंकार में ,

मन होली हो जाता है ।

देख कर प्रहलाद की दृढ़ भक्ति ,

मन पूजा की रोली हो जाता है ॥

रंगों के अलंकार में ,

मन होली हो जाता है ।

संस्कारों के हर रिवाज में ,

मन संस्कृति की रंगोली हो जाता है ।

रंगों के अलंकारों में ,

मन होली हो जाता है ।

हुरियारों के हुरदंग में ,

रंग उत्सव

भांग की गोली हो जाता है ।

बरसाना का रंग उत्सव देख ,

प्रेम की मौली हो जाता है ।

रंगों के अलंकार में ,

मन होली हो जाता है ॥

अंकिता सिंह

4. खत - ए - फागुन.....

खत - ए - फागुन में ,

रंग लिखना चाहिए ।

रंग के हर पलाश पर ,

खुमारी का ढंग लिखना चाहिए ॥

खत - ए - फागुन

दास्तन - ए - फागुन में ,

प्रिय का संग लिखना चाहिए ।

संग में प्रिय के ,

जीवन की हर उमंग लिखना चाहिए ॥

उल्फत - ए - फागुन में ,

रंग लिखना चाहिए ।

रंग भरी हर पाती में ,

फाग गीत का हुरदंग लिखना चाहिए । ।

आरजू - ए - फागुन में ,

महके छन्द लिखना चाहिए ।

छन्द के संयम पर ,

उन्माद के बहके द्वन्द लिखना चाहिए ॥

अंकिता सिंह

5. रंग वो मुकाम के

रंग वो मुकाम के ,

मेरे कर्मों का इनाम है ।

परिश्रम के जुनून में ,

संघर्ष का वो दाम है ॥

रंग वो मुकाम के ,

मेरे कर्मों का इनाम है ।

सूर्य के नव पृष्ठ पर ,

सूर्य के नव पृष्ठ

भोर का पैगाम है ॥

रंग वो मुकाम के ,

मेरे कर्मों का इनाम है ।

स्वाभिमान की तृष्णा में ,

मेरे अस्तित्व का वो जाम है ॥

रंग वो मुकाम के ,

मेरे कर्मों का इनाम है ।

शौहरतों के शहरों में ,

मेरे नाम का वो ग्राम है ॥

अंकिता सिंह

6. फागुन की मुस्कान पर

......

फागुन की मुस्कान पर ,

बसंत दिल हार गया ।

जैसे कचनार की कच्ची कली पर ,

भ्रमर इश्क वार गया ॥

फागुन की दास्तान पर ,

कोरा कैनवास हार गया ।

जैसे खुमार के रंगों पर ,

पेंट ब्रश इश्क वार गया ॥

फागुन के गुलिस्तान पर ,

अमलतास मन हार गया ,

जैसे आम्रकुंजो की अगड़ाई पर ,

आम्रकुंजो की अगड़ाई

खग - पिक इश्क वार गया ॥

फागुन की आन पर ,

तरुणी का संयम हार गया ।

जैसे गुलाल के नेग पर ,

पहुन इश्क वार गया ॥

अंकिता सिंह

7. मधुमास के अट्टहासो में ....

मधुमास के अट्टहासो में ,

फागुन मुस्कुरता है ।

जब बसंत पंचमी की ब्यारों में ,

मौसम होली गाढ़ने जाता है ॥

मधुमास के अट्टहासो में ,

फागुन गुनगुनाता है ।

जब राग बसंत के सुर ताल में ,

फाग गाया जाता है ॥

मधुमास के अट्टहासों में ,

फागुन खिलखिलाता है ।

जब गोरी के इन्तेजार में ,

साजन गुलाल बनकर मुस्कुराता है ॥

मधुमास के अट्टहासों में ,

फागुन रंग उड़ाता है ।

जब अवध की होली में ,

श्री राम...

श्री राम का रंग मिल जाता है ॥

अंकिता सिंह

8. ऋतुरानी सोलह श्रृंगार किये......

ऋतुरानी सोलह श्रृंगार किये ,

फागुन की मेंहदी लगाये है ।

पग में लगाकर सुर्ख लाल महावर ,

गुलाल का बिछुआ बहकाए है ॥

ऋतुरानी सोलह श्रृंगार किये ,

फागुन का गजरा लगाए है ।

हाथों में पहनकर सतरंगी कंगन ,

पहुन को अंगना बुलाए है ॥

ऋतुरानी सोलह श्रृंगार किये ,

फागुन का झुमका ढुलाए है ।

होठों पर लगाकर टेसु की लाली ,

फाग के राग गाये है ॥

ऋतुरानी सोलह श्रृंगार किये ,

फागुन की चुनरी लहराए है ।

लहंगे के सुनहरे गोटे में ,

मदहोशी का इत्र महकाए है ॥

ऋतुरानी सोलह श्रृंगार किये ,

फागुन की अनपढ़ पाती लिखवाये है ।

डाकिया को उनका पिन - कोड बताए है ।

खुमारों के शहर रंग भिजवाये है ॥

अंकिता सिंह

9. फागुन ने ....

फागुन ने आशिकी से ,

उसके बालों में रंग उलीचा है ।

पूर्णमासी की चाँद रात में ,

किसने रातरानी को ,

अपनी बाहों में खींचा है ॥

फागुन ने आशिकी से ,

नेह गुलाल आँखो में मीचा है ।

यह अपनेपन की तस्वीरों को ,

किसने मन के ,

कोरे कैमरे से खींचा है ॥

फागुन ने आशिकी से ,

अपनेपन का संवारा गलीचा है ।

एकाकीपन की वसीयत में ,

किसने अनजान एहसासों का ,

नक्शा खींचा है ॥

फागुन ने आशिकी से ,

रंगों को सींचा है ।

यह " मैं" की हर रेखा में,

किसने " हम " होने के ,

आभासों को खींचा है । ।

अंकिता सिंह

❧❧❧❧

10. मौसम के हाट बाजार

.....

मौसम के हाट बाज़ारो से ,

फागुन रंग ले आया है ।

लाल, गुलाबी , नीले , पीले ,

गुलाल के एहसासों से ,

मन रंग लाया है ।

मौसम के हाट बाज़ारों से ,

फागुन रंग ले आया है ।

हरा रंग हरियाली की निशानी है ,

जीवन के मरुथलों को ,

मन सावन कर लाया है ।

मौसम के हाट बाज़ारों से ,

फागुन रंग ले आया है ।

पीला रंग भक्ति की निशानी है ,

श्री हरि को समर्पित करने को ,

मन प्रहलाद कर लाया है ॥

मौसम के हाट बाज़ारो से ,

फागुन रंग ले आया है ।

गुलाबी रंग प्रेम की कहानी है ।

बरसाना के रस - रासों में ,

मन श्री युगल छवि को प्रणाम कर आया है । ।

श्री युगल छवि

मौसम के हाट बाज़ारों से ,

फागुन रंग ले आया है ।

लाल रंग की सुर्ख कहानी है ,

विरहनी की माँग में भरने को ,

गौरा जी से सुहाग लाया है ॥

अंकिता सिंह

❧❧❧

11. फागुन की अटारी पर

...

फागुन की अटारी पर ,

रंगों का आशियाना है ।

जो कर्त्तव्य है जीवन के ,

उन्हे उमंग से निभाना है ॥

होली का संदेश है यही ,

बुजुर्गों का आशीष पाना है ।

उनके दिये संस्कारो में ,

खुशियों का गुलाल मिलाना है ।

फागुन की अटारी पर ,

रंगो का आशियाना है ।

भाई - चारे की भावना के संग ,

एकता का वचन निभाना है ॥

होलिका दहन का संदेश है यही ,

मन से बुराई की होलिका को जला ,

सत्य भक्ति के प्रहलांद को बचाना है ।

श्री हरि के चरणों में

तन-मन समर्पित करते जाना है ॥

फागुन की अटारी पर ,

रंगों का आशियाना है ।

नव उदित भोर की तरह

जीवन को उत्साहपूर्ण बनाना है ॥

होली का संदेश है यही ,

रंगो की महिमा के गीत गाना है ।

सुर्ख लाल रंग की शक्ति के संग ,

माँ आदी शक्ति से ,

अंकिता को सशक्तिकरण का तेज पाना है ॥

अंकिता सिंह

फाग के खलिहानों ने ,

फाग के खलिहान

मिट्टी में रंग बोये है ।

वो वतन के किसानो ने ,

कितने सपने संजोये है ।

फूले - फलेगीं गेहूँ की बालियाँ ,

खुशहाली की बाट जोये हैं ॥

फाग के बगानो नें ,

तरुवर में रंग बोये हैं ।

वो चमन के परिन्दों ने ,

कितने सपने संजोये है ।

खूब सजेंगी आमों की डालियाँ ,

खग- पिक ने बाट जोये हैं ।

फाग के मकानो ने ,

रंगीन दहरी में संस्कार बोये हैं ।

वो अबकी आयेंगी अपनेपन की टोलियाँ ,

कितने सपने संजोये हैं ।

टूटेंगी रकीबो की गिरह बेड़िया ,

अपने अपनो के गले मिलने की बाट जोये हैं ।

फागुन के गुलिस्तानों ने ,

गुलों में रंग बोये हैं ।

वो महके अमलतास ने ,

कितने सपने संजोये हैं ।

अबकी सुर्ख खिलेगीं इश्क की रातरानिया ,

मधुकर ने बाट जोये हैं ॥

अंकिता सिंह

✽✽✽

13. फागुन वाली रातों में

....

फागुन वाली रातों में ,

चाँदनी गुलाल हो जाती है ।

चाँद के ख़्वाबों में ,

प्रीत का ख्याल बो जाती है ॥

फागुन वाली रातों में ,

टेसु कली गुलाल हो जाती है ।

भ्रमर के ख्यालो में ,

शर्म से लाल हो जाती है ॥

फागुन वाली रातों में ,

विरहनी गुलाल हो जाती है ।

नेह की मृग तृष्णा में,

असंयम से बेहाल हो जाती है ॥

फागुन वाली रातों में ,

नदिया गुलाल हो जाती है ।

सागर की बाहों में ,

जन्मों का प्यार पिरो जाती है ।

फागुन वाली रातों में ,

अंकिता गुलाल हो जाती है ।

मन की काव्य मंजरिया ,

फागुन का बवाल हो जाती है ॥

अंकिता सिंह

14. रंग बावरा फागुन का

रंग बावरा फागुन का ,

अंग - अंग महकाता है ।

जब गुलाल की लाल रेखा से ,

वो मौसम की माँग भर जाता है ॥

रंग बावरा फागुन का ,

रोम - रोम बहकाता है ।

जब उन्माद की सुर्ख अटारी से ,

वो खत ऋतुराज का आता है ॥

रंग बावरा फागुन का ,

खुमार का रस छलकाता है ।

जब ब्यारों के गुलाबी अदरों से ,

वो फाग छन्द बोल कर जाता है ॥

रंग बावरा फागुन का ,

और भी रंगीन हो जाता है ।

जब युगल छवि को प्रणाम कर ,

बरसाना होली मनाता है ॥

रंग बावरा फागुन का ,

हुरियारों संग उधम मचाता है ।

जब सावरिया राधिका संग ,

प्रेम का अबीर हो जाता है ॥

अंकिता सिंह

15. फागुन सेहरा   बाँध कर आया है . . .

फागुन सेहरा बाँध कर आया है . . .

गोरी ने सुहाग गीत ,

फाग छंद संग गाया है ।

महक रहा है गुलाल ,

कि फागुन सहेरा बाँधकर आया है ॥

गोरी ने प्याल का घूंघरू,

हौले से छनकाया है ।

बहक रहा है शहनाई का सुर ,

कि फागुन सेहरा बाँध कर आया है ।

गोरी ने सुर्ख मेंहदी में ,

लाल अबीर मिलाया है ।

मचल रहा है मन का मडंप

कि फागुन सेहरा बाँध कर आया है ॥

गोरी ने माँग में ,

केसरिया सुहाग भरवाया है ।

चहक रहा है जीवन का हर सपना ,

कि फागुन सेहरा बाँधकर आया है ॥

अंकिता सिंह

16. फागुन में रंगरेज पिया

फागुन में रंगरेज पिया ,

चुनर रंग दो बंधेज पिया ।

गुलाल की गुलाबी चाहत सा ,

प्रणय इकरार का करो उल्लेख पिया ।

फागुन में रंगरेज पिया ,

चुनर रंग दो बंधेज पिया ,

रंग भरे आलेखों में ,

अब जीवन भर का लिख दो लेख पिया ।

फागुन में रंगरेज पिया ,

चुनर रंग दो बंधेज पिया ,

रंग भरी पिचकारी से

खीचों मोहब्बत की रेख पिया ।

फागुन में रंगरेज पिया,

चुनर रंग दो बंधेज पिया ,

सिंदूर के सुर्ख सम्मान से

मेरी मांग में भर दो 7 जन्म का नेग पिया ।

अंकिता सिंह
हर भारतीय नारी के दृष्टिकोण से रचित काव्य

17. फाग काव्य के संग

संयम से सकुचित पल्लव के ,

बौराये सारे ढंग ।

अमलतास ने खेली होली ,

ऋतुराज के संग ॥

संयम से सकुचित महुआ के ,

शर्माए सारे अंग ।

मधुकर ने खेली होली ,

मधुमास के संग ॥

संयम से सकुचित पहुनी के ,

इठलाये सारे छंद ।

राग बसंत ने खेली ,

फाग काव्य के संग ॥

संयम से सकुचित साँझ के ,

हर्षाये वादृय मृदंग ।

प्रणय आस ने खेली होली ,

फाल्गुन के चाँद के संग ॥

संयम से सकुचित विरहनी के ,

मदमाये बाजूबंद ,

पिया ने खवाबों में आकर खेली होली ,

सुहागन हुआ कुंवारा हर रंग ॥

अंकिता सिंह

18. फागुन से प्यार हो गया है ..

मन बसंती बयार हो गया है ।

हाँ मुझे फागुन से प्यार हो गया है ।

रंगो से इकरार हो गया है ।

हाँ मुझे फागुन से प्यार हो गया है ।

तन इत्र में भीगा गुलाल हो गया है ।

हाँ मुझे फागुन से प्यार हो गया है ।

किसी गुलाबी क्षण जैसा इन्तेजार हो गया है।

हाँ मुझे फागुन से प्यार हो गया है ।

जीवन रंगों का त्यौहार हो गया है ।

हाँ मुझे फागुन से प्यार हो गया है ।

यौवन उन्माद का उपहार हो गया है ।

हाँ मुझे फागुन से प्यार हो गया है ।

विरहनी के हृदय में ये कैसा चमत्कार हो गया है
।

हाँ मुझे फागुन से प्यार हो गया है ।

टेसु की कलियों से ,

बहका अबीर तैयार हो गया है ।

हाँ मुझे फागुन से प्यार हो गया है ॥

अंकिता सिंह

19. आंगन वो फागुन के....

आंगन वो फागुन के ,

रंगो से सज जाते हैं ।

जब पहुन बसंत के ,

केसरिया साफे में आते हैं ॥

खत वो फागुन के ,

रंगो से सज जाते हैं ।

जब डाकिया उन्माद के ,

उनके शहर में रंग पहुंचाते हैं ॥

अंग वो फागुन के ,

रंगों से सज जाते है ।

जब गोरी के बिछुवा वाले पाँव ,

उनकी चौखट पर महावर के चिन्ह बनाते है ॥

कंगन वो फागुन के ,

कंगन फागुन के

रंगो से सज जाते है ।

जब तरुणी की कलीरों में ,

वो वेद मंत्र - सुहाग का चूड़ा जोड़ जाते है ॥

अंकिता सिंह

20. फाग लिखकर भेजा है

बसंत ऋतु ने फागुन को ,

बड़े प्यार से सहेजा है ।

जाने किसने मुझे पाती में ,

फाग लिखकर भेजा है ॥

रंगों की पुड़िया में ,

गुलाल रखकर भेजा है ।

जाने किसने मुझे पाती में ,

फाग लिखकर भेजा है ॥

साँझ के यौवन में ,

खुमार भर कर भेजा है ।

जाने किसने मुझे पाती में ,

फाग लिखकर भेजा है ॥

विरहनी के अंग - अंग में ,

जैसे पिया के नाम का श्रृंगार भर के भेजा है ।

जाने किसने मुझे पाती में ,

फाग लिखकर भेजा है ॥

कोरे लिफाफे को ,

सुर्ख लाल कर के भेजा है ।

जाने किसने मुझे पाती में ,

फाग लिखकर भेजा है ॥

अंकिता सिंह

21. वो रंग

वो रंग सजे जीवन में ऐसे ,

आया हो मदहोश फागुन जैसे ,

बेकरारी के रंग है कैसे - कैसे

नव यौवना की हर साँस ,

अजनबी के एहसास के जैसे ॥

वो रंग सजे जीवन में ऐसे ,

आया हो कोई खामोश फागुन जैसे ,

विरहनी की हर आस ,

शहर गये पिया के जैसे ॥

वो रंग सजे जीवन में ऐसे ,

आया हो मतलब फरोश फागुन जैसे ,

बिखराव के रंग हैं कैसे कैसे ,

हर रिश्ते में ,

अहम के टकराव के जैसे ॥

वो रंग सजे जीवन में ऐसे ,

आया हो होश फागुन को जैसे ,

अकेलेपन के रंग है कैसे - कैसे ,

हर " मैं " में छुपे ,

कभी हम हो जाने के अहसास के जैसे ॥

अंकिता सिंह

22. सुनिये ऋतुराज

सुनिये ऋतुराज ,

फागुन में गुनगुनाते चलिए ।

अमलतास की कलियों को ,

रंग लगाते चलिए ।

कोरी चुनर पर धरा की ,

पीताम्बर का गुलाल उड़ाते चलिए ॥

सुनिये ऋतुराज ,

फागुन में होश गँवाते चलिए ।

तरुणी के अनलिखे खतों को ,

पिया का पता बताते चलिए ॥

उन प्रेमाक्षरों की सकुचाहट को ,

उन तक पहुँचाते चलिए ॥

सुनिये ऋतुराज ,

फागुन के अबीर बहकाते चलिए ।

बसंती बयारों में ,

पलाश का इत्र मिलाते चलिए ।

गेहूँ की बालियों को देख ,

किसी किसान सा हो चुका मन ,

महकाते चलिए ॥

सुनिये ऋतुराज ,

बस प्यार निभाते चलिए ।

मौसम के छंदो को ,

फाग सुनाते चलिए ।

कोरे कैनवास पर जीवन के ,

बस रंग लगाते चलिए ॥

अंकिता सिंह

23. सुनिये , बस अब बिखरने दीजिए रंग फागुन के ....

सुनिये ,

बस अब बिखरने दीजिए ,

अनलिखी चिट्ठियों में ,

रंग फागुन के ,

की इस जन्म में ,

मैंने आपको अपना लिखा नहीं है ।

शीत पड़ चुके हैं ,

प्रतीक्षा के वो एहसास ,

की आपकी हसरतों में ,

मुझे अपना दुल्हन सा चेहरा ,

अब तक दिखा नहीं है ॥

सुनिये ,

बस अब बिखरने दीजिए ,

रुहानी उहफतों में ,

रंग फागुन के ,

की इस जन्म में ,

मैंने आपको अपने रंग में ,

रंगा नहीं है ।

है मुझे जन्मों से ,

आपके गुलाबी इश्क का एहसास ,

पर इस जन्म ,

क्यों सुर्ख सुहाग

अब तक ,

आपने मेरी माँग में भरा नहीं है ।

सुनिये ,

अब बस बिखरने दीजिए ,

रंग फागुन के ,

लेखनी के पात की तरह ,

हमारे जीवन के कोरे पन्ने पर ,

हमारे जीवन के कोरे पन्ने पर ॥

अंकिता सिंह

24. रंग उन्मादी बसंत के.....

रंग उन्मादी बसंत के ,

क्षण भर में फागुन हो जाते हैं ।

जब पहुन केसरिया टेसु के ,

उपवन में गुलाल उड़ाते हैं ॥

रंग उन्मादी बसंत के ,

क्षण भर में फागुन हो जाते हैं ,

जब हुरियारे बरसाना के ,

होली गाढ़ने जातें हैं ॥

रंग उन्मादी बसंत के ,

क्षण भर में फागुन हो जाते हैं ।

जब कोरी चुनर गुजरिया की ,

रंगरेज पिया रंग लाते है ॥

रंग उन्मादी बसंत के ,

क्षण भर में फागुन हो जाते हैं ।

जब सुर्ख रंग गुलाल के ,

जीवन का सिंदूर बन जाते है ॥

रंग उन्मादी बसंत के ,

क्षण भर में फागुन हो जाते हैं ।

जब हल्दी के पीले रंग में ,

वो प्रणय मंत्र पढ़ जाते हैं ।

प्रणय मंत्र

रंग उन्मादी बसंत के ,

क्षण भर में फागुन हो जाते है ।

जब मौसम की अटारी पर ,

खग - पिक फाग गाते है॥

अंकिता सिंह

25. फाग गाने आया है....

सूर्य वो बसंत का ,

फाग गाने आया है ।

भोर के सुहाग में ,

केसरिया किरणें लाया है ॥

चाँद वो पूर्णमासी का ,

फाग गाने आया है ।

रैन के अंक में ,

तारों के रंग भर लाया है ॥

जुनून वो हुरियारों का ,

फाग गाने आया है ।

बरसाना के उन्माद में ,

लठ खाकर आया है ।

हुजूम वो गोपियों का ,

फाग गाने आया है ।

श्री कृष्ण को प्रणाम कर ,

रास रचाने आया है ॥

काव्य वो अंकिता का ,

फाग गाने आया है ।

जीवन के कोरे पृष्ठ में ,

लेखनी के रंग भर लाया है ॥

अंकिता सिंह

26. सतरंगी अक्षर

विरहनी अबीर से ,

तुम श्रृंगार करना ,

कि प्रियतम फागुन बनकर आया है ।

विरहनी टेसु की कलियों से ,

होठ गुलाबी रंगना ,

कि प्रियतम - फागुन बनकर आया है ।

विरहनी हरे रंग से ,

हरियाली जीवन में भरना

कि प्रियतम फागुन बनकर आया है ।

विरहनी लाल रंग

तुम माँग में भरना ,

कि प्रियतम फागुन बनकर आया है ।

विरहनी कोरी चिट्ठयों में ,

सतरंगी अक्षर लिखना ,

कि प्रियतम फागुन बनकर आया है ॥

अंकिता सिंह

27. फागुन बन कर कब आयेंगे.....

आगंतुक बसंत के ,

फागुन बनकर कब आयेंगे ?

फाग के वो राग बावरें ,

तरुणी के अंग बहकायेंगे ।

रातरानी के फूल सजीले ,

भ्रमर देख शर्मायेंगे ।

पलाश की महकी कलियों से ,

वो अबीर गुलाल बनायेंगे ।

वो मलंग ऋतुराज के ,

जोगिरा सारा रा रा गायेंगे ।

विरहनी की मांग में ,

सुर्ख रंग भर जायेंगे ।

ऐसे आगंतुक बसंत के ,

फागुन बनकर कब आयेंगे ??

अंकिता सिंह

अंकिता सिंह